L'OMBRE

DE

J. P. BRISSOT,

AUX LÉGISLATEURS FRANÇAIS,

Sur la liberté de la Presse.

OU

Extrait fidelle d'un imprimé ayant pour titre (1) : Mémoire aux États-Généraux sur la nécessité de rendre dès ce moment la Presse libre, et sur-tout pour les journaux politiques (2), par J. P. BRISSOT de WARVILLE.

Point de constitution libre, sans la lierté préalable de la presse.

Juin 1789.

PUBLIÉ avec quelques notes, par .F.   DETHIER de l'Ourthe, membre du Conseil des Cinq-Cents.

A PARIS.

Chez R. VATAR, rue de l'Université nº. 926.

AN VII.

Les Notes du citoyen DETHIER *, indiquées
par des chiffres, dans le courant de l'Ouvrage,
se trouveront au second numéro.*

Extrait d'un *Mémoire aux Représentans de la Nation*, par *J. P. BRISSOT*, en *1789*.

LES arrêts qui ôtent la liberté de la presse aux journaux politiques ont excité la réclamation de tous les citoyens. Nulle cause ne peut être plus intéressante.... C'est le combat entre la liberté et le despotisme. De ce combat dépend le sort de la constitution. Point de constitution, si la liberté succombe. Hâtons-nous donc de prouver que la liberté d'imprimer est un droit naturel à l'homme ;

Qu'elle est nécessaire à la France dans les circonstances présentes, nécessaire au peuple, au gouvernement ;

Qu'elle est inconciliable avec toute espèce de censure ;

Qu'en conséquence les *Représentans de la Nation* doivent sur-le-champ rendre la presse libre, et arrêter que tous écrits, journaux, et principalement ceux relatifs aux matières politiques, peuvent circuler librement par-tout ; qu'ils doivent éloigner les obstacles qui gênent maintenant cette circulation ;

Qu'ils doivent non-seulement rendre la liberté aux écrits périodiques suspendus, mais l'accorder à tous ceux qu'on voudrait faire paraître.

Que la liberté d'imprimer soit un droit naturel, c'est une de ces vérités dont il ne faut que présenter les bases pour en démontrer l'évidence .

Tout individu tend et doit tendre à son bien-être et à sa conservation.

Le ciel lui en a donné les moyens dans ses organes physiqes, et dans ses facultés morales et intellectuelles.

La liberté n'est autre chose que le droit, dans l'homme, de développer ses facultés, ses organes, pour son bien-être : l'écriture et l'imprimerie sont les plus grands moyens imaginés pour développer et perfectionner les facultés de l'homme.

Tout homme a donc, par sa nature, le droit d'écrire et d'imprimer, quand il le juge nécessaire à son bien-être ou à celui des autres.

Tout empêchement mis à l'exercice de ce droit est donc une violation du droit naturel, un délit.

Un pareil empêchement ne peut être consacré par aucune constitution ou loi, puisque toute constitution doit défendre les droits naturels de l'homme, et non les lui ôter.

Cet enchaînement de principes, me paraît inébranlable ; c'est donc une vérité incontestable que la presse doit être entièrement libre, puisque cette liberté est le seul moyen d'accélérer le perfectionnement des hommes et des sociétés.

C'est le seul moyen de conserver les principes de la constitution dans les sociétés qui en ont une.

Or, telle est la circonstance où se trouve maintenant la France.

Le despotisme y *avait* depuis quinze siècles accumulé une foule d'abus, consacré une foule d'iniquités.

Comment réformer des abus, si on ne les connaît pas?

Comment les connaître, s'il n'est pas libre de les exposer?

Saus une pareille liberté, quel écrivain ôserait prêcher ces grands, ces éternels principes, dont l'adoption seule peut prévenir le retour des abus ? Ne sait-on pas qu'il existe de tous temps une ligue entre tous les ministères ; que tous, sous le précieux prétexte du bien public, ensevelissent autant qu'ils peuvent leurs transactions dans le plus profond secret ; que tous se concertent pour en empêcher la publication par la voie de la presse ? Ne sait-on pas qu'au moyen de cette ligue, il a toujours été très-difficile aux opprimés de faire entendre leurs réclamations, aux défenseurs de la vérité de la faire percer ?

Certes s'il est un peuple auquel une entière liberté de la presse soit nécessaire, c'est bien celui qui, depuis quinze siècles, *avait* langui dans une ignorance constamment entretenue par l'esclvage.

La liberté de la presse lui est nécessaire pour l'éc'airer sur des droits si long-temps ensevelis dans le néant, sur la marche qu'il doit suivre, sur les pièges qu'il doit éviter.

Elle est encore nécessaire pour éclairer ses Représentans : quelque instruits, quelque fermes qu'ils soient, ils ont besoin des lumières et de l'encouragement de l'opinion publique ; cette opinion ne peut leur pavenir de tous les côtés que par la voie de la presse : mais si cette voie n'est pas libre, ils n'auront qu'une opinion incomplette, mutilée et souvent commandée.

La presse est le grand, l'unique moyen de communication entre les députés du peuple et le peuple ; par la presse, ils peuvent en un instant transmettre le détail de leurs opérations à leurs constituans, dans les lieux les plus éloignés ; par la presse, ils peuvent recevoir immédiatement et de tous ces lieux l'opinion générale ; par la presse, chacun peut leur signifier son opinion, et chacun en a le droit.

Gêner la presse, c'est donc interrompre cette communication universelle si nécessaire au milieu d'un peuple ignorant et d'aristocrates habiles ; si avantageuse à un peuple actif, pénétrant, plein d'énergie. Gêner la liberté de la presse, c'est forcer les députés à descendre à des correspondances particulières qui seraient plus tristes, moins fréquentes, qui, exprimées différemment, produiraient par-tout une différence d'opinions, et par conséquent ne créeraient point cette harmonie, si prompte, si générale, quand la presse en est le seul véhicule. Jamais les correspondances particulières n'instruiront, n'animeront les esprits comme un compte public. Ces correspondances sont d'ailleurs renfermées dans un cercle étroit d'hommes : la presse parle à tous les citoyens, et tous ont droit d'être instruits.

S'il était un moyen d'assembler dans une seule plaine les millions d'hommes qui habitent la France, de pouvoir leur expliquer à tous de vive voix les différens points de la *législation* ; si ces millions d'hommes réunis pouvaient ensuite les discuter sans confusion, n'est-il pas évident qu'il faudrait accueillir avec avidité ce moyen, puisque par lui on pourrait vaincre la grande difficulté des constitutions, la difficulté d'obtenir la volonté générale ? N'est-il pas vrai qu'il faudrait vouer à l'exécration le despote qui voudrait priver le peuple de ce moyen de s'entendre volontairement et raisonnablement ?

Ce moyen est trouvé, c'est l'imprimerie : elle réunit tous les avantages des assemblées, elle n'en a aucun des inconvéniens ; par la presse, on peut enseigner au même instant la même vérité devant des millions d'hommes ; par la presse, ils peuvent la discuter sans tumulte, opiner de sens froid et donner leur opinion. Malheur donc à ceux qui veulent gêner la liberté de la presse, puisqu'ils privent l'homme d'un sixième sens, d'un sens universel, d'un sens qui met les absens, les étrangers, tous les hommes en communication au même instant ; puisqu'enfin en com-

(5)

mandant la presse , en l'assujettissant à n'exprimer que
leurs préjugés , ils convertissent en un poison un des plus·
grands bienfaits de la providence.

Observez ici quel avantage l'imprimerie nous donne sur les
anciens ! Il fallait assembler le peuple pour l'instruire , car
les manuscrits pénibles à lire , ne circulaient d'ailleurs que
parmi un petit nombre d'hommes aisés et éclairés. La nécessité de l'assembler , bornait l'instruction à un cercle étroit ,
ou bien la rendait nulle , par la confusion qui suit les assemblées nombreuses. Là , le peuple était l'esclave d'un homme
éloquent ; là , rien ne se préparait, rien ne se discutait tran-
quillement ; les opinions etaient toujours le fruit de l'efferves-
cence , et par conséquent n'étaient jamais libres. La presse
parmi nous répand par-tout l'instruction , ouvre un champ
libre à la discussion , et met l'opinion publique à portée de
s'éclairer avant de prononcer.

Eh ! si la liberté de la presse est si nécessaire au peuple ,
à ses représentans , comment ne le serait-elle pas également
au pouvoir exécutif , ou au gouvernement ? Nous parlons
ici d'un gouvernement ami du peuple. Dans un gouvernement aussi étendu , aussi compliqué que l'est celui de la
France , ne se glisse-t-il pas , à chaque instant , des abus ;
ne se commet-il pas une foule d'iniquités secrettes ? Qui peut
mieux que la presse révéler les uns et les autres ? Si donc le
gouvernement est de bonne foi , il doit desirer la liberté de
la presse ; s'il ne l'est pas , il faut l'établir pour l'empêcher
d'être pernicieux. (3)

Les gouvernemens ont été rarement , jusqu'à ce jour ,
amis du bien public ; ils ont tous tendu , plus ou moins for-
tement , vers le despotisme , et voilà pourquoi tous se sont
ligués contre la découverte de l'imprimerie : persuadés qu'elle
devait un jour anéantir le despotisme , en éclairant les peuples ; ils ont opposé mille obstacles à ses développemens ;

ils ont borné à un petit nombre d'hommes le droit d'imprimer et de vendre les idées d'autrui. Ils leur ont fait acheter chèrement ce monopole ; ils les ont réduits en corporation, et par là ils se sont rendus maîtres de leur fortune, maîtres de leurs secrets, maîtres conséquemment d'arrêter en un instant les ouvrages qui s'imprimaient et qui pouvaient leur nuire.

Dans tous les temps on proscrivait précisément la vérité nécessaire aux circonstances, le contre-poison nécessaire pour détruire l'effet du poison du moment.

Rien n'était mieux imaginé que ce systême d'inquisition pour maîtriser les développemens de l'esprit humain. Il était difficile que le génie pût échapper à tant d'entraves qui l'entouraient. S'il imprimait clandestinement, un ordre de la police étouffait l'ouvrage avant sa naissance. Faisait-il imprimer chez l'étranger ? il fallait vaincre mille obstacle, pour introduire l'ouvrage en France, et on doit voir, par ces détails rapides, combien le despotisme a été ingénieux pour étouffer les vérités. Il n'a pas manqué de sophismes pour justifier ce régime tyrannique ; il disait : il faut prévenir la licence, les libelles.... Principe vrai, dont l'application est fausse.

Sans doute, il faut prévenir les délits ; mais par des lois et non par des règlemens arbitraires ; par des lois publiques et invariables, et non par des règlemens clandestins et variables ; par des lois dont l'exécution soit remise à des tribunaux indépendans, et non par des règlemens ministériels, exécutés par des hommes dévoués aux ministres.

En un mot, il faut prévenir les délits par des lois, et non par d'autres délits ; il faut prévenir la licence, mais non par une licence encore plus dangereuse ; car qu'est-ce que tout ce fatras de règlemens ? C'est l'art d'enchaîner la liberté de penser de millions d'hommes, pour prévenir la licence de quelques individus qui peut-être n'existera pas. Or, cet assujettissement est un véritable délit , puisqu'il viole les droits essentiels de l'homme , et la crainte d'un abus qui n'existe pas encore , ne peut l'excuser. En effet , ce délit qu'on veut prévenir n'est que possible , et on veut le prévenir par un délit réel! Le délit qu'on veut prévenir se bornera à quelques individus , et on l'arrête par un délit qui frappe sur tous les individus! C'est une iniquité révoltante.

Quoi! faut-il, parce que des hommes en peuvent massacrer d'autres , lier bras et jambes à tous leurs semblables , de peur qu'ils ne les imitent ! Punissez les coupables , soit ; mais pour dix coupables qui peuvent exister un jour , n'enchaînez pas d'avance des millions d'hommes innocens, et qui sont loin de l'idée du crime.

De même , parce que des calomniateurs peuvent , dans des écrits infâmes , distiler leur poison sur des hommes vertueux , n'arrêtez pas les sublimes développemens du génie que le ciel envoie sur la terre pour être utile à ses semblables.

Assujettissez le calomniateur à des peines invariables prononcées par la loi ; mais pour le prévenir , ne rendez pas esclave la pensée de tous les hommes. En un mot, ayez une loi.

Telle est la marche qu'on a suivie dans les pays où l'on respecte encore les droits de l'homme.

Le tribunal qui doit juger les idées des hommes, doit être, comme tous les autres , indépendant de toute espèce d'influence , assujetti à juger d'après des lois publiques et inaltérables , et ce tribunal ne doit encore juger que des idées publiées , et non des idées à publier ; parce qu'aucun tribunal sur la terre n'a droit de connaître la volonté de l'homme, avant qu'elle soit exécutée.

Si tous les hommes ont le droit de publier leurs idées , si la liberté de la presse est essentiellement nécessaire dans les circonstances actuelles , pour instruire le peuple , les représentans , le pouvoir exécutif ; si cette liberté est inconcilia-

ble avec toute espèce d'entraves, il est évident que les représentans de la nation doivent sur-le-champ déclarer la
presse libre, et sur-tout ouvrir une libre circulation aux
journaux politiques.

Ils doivent le faire sur-le-champ, parce que dès-à-présent ils ont besoin de lumières ; parce que dès-à-présent
leurs constituans ont besoin d'être instruits jour par jour de
leurs opérations.

Comment le peuple en sera-t-il instruit ? est-ce en lisant
les brochures qui naissent et meurent chaque jour ? Il n'en a
ni le temps, ni les moyens; mais une gazette perce par-tout,
dans le même instant est lue partout ; elle est lue même
par les individus les moins aisés. Cent mille personnes ont
lu une gazette, lorsque cent à peine ont lu une brochure.

Si donc l'on veut sincèrement instruire le peuple, il faut,
je ne dis pas permettre, mais favoriser, encourager les gazettes politiques.

On en a senti les avantages dans les pays qui ont une constitution (4) : les gazettes en Angleterre sont le seul soutien
de la liberté ; elles l'ont créée en Amérique; ce sont-elles encore qui, dans ces derniers temps, y ont détruit les préjugés
opposés au nouveau gouvernement.

Mais pour produire ces biens, les gazettes doivent être libres, indépendantes; censurées, elles seront toujours suspectes;
libres, il y aura concurrence entr'elles. La vérité sera-t-elle
altérée dans l'une ; elle sera vengée dans une autre : la cause
publique serait ici trahie, là on la défendra.

Les représentans de la nation doivent donc s'attacher à
donner la plus grande liberté aux gazettes.

C'est ouvrir la porte à la licence, dit-on ; les journalistes
rendront infidèlement les débats, se permettront des réflexions
injurieuses, calomnieront des citoyens honnêtes!... Préjugés
ridicules, qu'on entend encore avec peine, et qu'il faut
détruire !

(9)

Les opérations des représentans de la nation , le plus grand
jour doit les éclairer ; ce sont les intérêts du peuple qu’on
doit y discuter ; le peuple a donc droit d’en connaître les
détails , et par conséquent il a droit d’exiger que les détails
lui en soient transmis par les gazettes.

Le mystère n’est bon qu’à couvrir les iniquités , et voilà
pourquoi les gouvernemens despotiques se sont toujours enve-
loppés de mystères. Ils ont persuadé aux peuples que ce mystère était une partie essentielle de l’art de gouverner. Ce
préjugé doit disparaître aujourd’hui : les délégués d’un peuple
libre ne peuvent adopter le système immoral des despotes ;
s’ils sont vertueux , ils doivent aimer le jour ; s’ils étaient
fripons , il faudrait les environner.

La loi préviendra les calomnies contre les citoyens honnêtes : quand elle ne les préviendrait pas entièrement , ce
ne serait pas une raison pour ôter la liberté aux journaux et
gazettes. Le bien qu’ils feront sera universel et constant ;
le mal qu’ils peuvent faire sera rare et momentané.

Mais ce n’est pas assez de rendre la presse entièrement
libre , si l’on ne brise , en même temps , toutes les entraves
par lesquelles on enchaîne la vente et la circulation des livres
et des journaux.

L’établissement de la poste aux lettres est infiniment favo-
rable pour cette circulation ; mais il est subordonné au ministre. On ne peut faire circuler un journal , qu’il ne soit
revêtu d’une permission.

Il faut annuller ce règlement et ordonner qu’à l’avenir
l’administrateur de cette poste sera tenu de faire passer , sans
aucune permission préalable , à leur destination , les écrits
périodiques ou non périodiques qui lui seront remis , et pour
lesquels on lui payera le prix fixé par le tarif des abonnemens.
Pour le forcer à exécuter cette ordonnance , il faut prononcer une peine.

Comme on a , depuis long-temps, senti en Angleterre
l'importance des papiers publics , pour le maintien de la liberté, on en a favorisé la distribution par les postes , en
n'exigeant qu'un très-bas prix pour la distribution.

En Amérique , on a fait mieux ; car la poste générale est
obligée de transporter gratuitement les papiers publics : comme le défaut d'intérêt de la part des maîtres de poste y a fait
glisser des abus , on va s'occuper d'y remédier : Les Américains libres se sont sagement gardés d'un vice qui gêne la
circulation et la multiplication des papiers en Angleterre ;
ils se sont gardés de mettre une taxe sur les gazettes et sur
les avertissemens. Cette taxe est très-forte en Angleterre,
puisqu'elle équivaut à la moitié du prix de la gazette.

Rien de plus injudicieux que cette double taxe ; en voici
les conséquences : en doublant le prix des gazettes , il en
résulte qu'une personne qui s'abonnerait pour deux, ne s'a-
bonne que pour une , que d'autres ne s'abonnent point du
tout : cette taxe diminue donc , peut-être de moitié , les
consommateurs et les gazettes. (5)

Les journaux et gazettes ne soutiennent pas toujours leur
réputation et leur intégrité : après avoir défendu avec force
la cause du bien public , les gazetiers se ralentissent , et souvent se vendent à un parti ; il serait nécessaire alors que de
nouvelles gazettes s'élevassent pour les combattre et défendre
à leur tour les bons principes. Mais la concurrence devient
impossible par l'effet de la taxe. Avant qu'une gazette puisse
obtenir une grande circulation et atteindre le pair entre la
recette et la dépense , il s'écoule un long temps , et il faut
avancer des sommes immenses. La taxe du timbre qui se paye
tous les jours , en absorbe elle seule une grande partie. Si les
propriétaires des anciennes gazettes n'avaient que le produit
des abonnemens , déduction faite du droit de timbre, il leur
serait impossible de les soutenir; mais, d'un côté, l'abondance

et le haut prix des avertissemens qu'on leur adresse de préfé-
rence, parce qu'on les suppose très-répandues, leur rappor-
tent des sommes immenses ; et de l'autre, étant tous vendus
au parti ministériel, ou au parti de l'opposition, ils sont
dédommagés par le prix de leur lâcheté. Il résulte de ces
faits que l'Angleterre n'a point et ne peut avoir de gazette
qui ne soit corrompue; et c'est le résultat des taxes sur les papiers et sur les avertissemens; et voilà pourquoi les Américains
libres n'ont jamais voulu souffrir ces taxes. Ils ont bien senti
que les bons principes ne se soutiendraient que par la succes-
sion fréquente et éternelle des gazettes, que l s taxes s'op-
poseraient à cette rotation et appelleraient la corruption.

Je me suis arrêté à décrire les effets des taxes, afin d'en
empêcher l'adoption dans la France ; elles ont déjà été pro-
posées, et j'ai vu beaucoup de personnes disposées à les favoriser. On ne voit que le produit de la taxe, et on ne considère
pas, dans le lointain, le contre-coup qu'elle porte à la liberté
de la presse, et par conséquent à la liberté universelle.

Craindrait-on de voir la lumière pénétrer rapidement ? ce
bien ne peut se faire, l'instruction ne peut s'étendre que par
des journaux libres...

Le croira-t-on ? C'est sur la dénonciation des journaux
privilégiés qu'a d'abord été publiée la défense qui suspend
la circulation du journal d...., et qu'ensuite ont été rendus
les arrêts qui suppriment d'autres journaux. On s'est appuyé
sur la nécessité de protéger le journal de... de.....

Eh quoi ! mes idées ne sont-elles pas ma propriété ? Le
développement que j'en fais n'est-il pas ma propriété ? et si
je ne pouvais les développer à cause de ces journaux, ne
serait-ce pas ces journaux qui violeraient ma propriété ?

Oui, ma propriété est sacrée et inviolable, et la pré-
tendue propriété de ces journaux privilégiés n'est qu'un vol.

Car qu'est-ce qu'un journal ? Un moyen d'instruire le

public : c'est un canal de lumières , par conséquent une chose publique. Ce canal appartient donc à tout le monde , et celui qui veut en jouir seul est un monopoleur condamnable.

Eh ! combien est-il plus condamnable , lorsqu'au lieu d'employer ce canal à sa destination , il n'y fait couler que des eaux impures pour empoisonner le peuple ?

N'est-ce pas là le tableau des gazettes privilégiées ? N'ont-elles pas été jusqu'à présent le véhicule des mensonges , des calomnies , des principes les plus lâches et les plus serviles ? N'ont-elles pas été le moyen constant de tromper le peuple ? C'est à ces journaux consacrés au mensonge , que l'on veut sacrifier les gazettes libres qui , pour être recherchées , doivent être consacrées à la vérité ; car l'intérêt personnel forcera désormais les auteurs des journaux à être vrais , à être utiles : faux ou médiocres , ils seront bientôt dédaignés du public.

On a trompé le gouvernement quand on lui a persuadé de mettre un impôt sur les instituteurs publics ; cet abus a reculé la révolution , a eu une très - grande influence sur nos calamités... (6).

On me pardonnera cette attaque contre des journaux privilégiés , quand on se rappelera que leurs propriétaires ont été constamment occupés à étouffer à leur naissance leurs rivaux , ou à les assujettir à un tribut ; quand on se rappellera qu'ils n'écartent la concurrence que pour éviter la révélation de leurs injustices ; quand on se rappelera que le journal de... entr'autres , même dans les misérables riens qu'il contient , à été constamment dévoué , vendu aux hommes en place , aux hommes accrédités , aux petits despotes littéraires ; qu'on y a constamment égorgé , soit par des injures , soit par un silence perfide , les hommes du jour qui ne savaient que dire la vérité ; quand on se rappelera que le monopole réclamé par les journalistes, n'a d'autre objet que de leur conserver une tyrannie lucrative , et qu'ils osent mettre ce vil motif dans la balance , à côté de l'intérêt général qui demande impérieusement l'entière liberté de la presse.

Il est temps , il est plus que temps que cette tyrannie finisse ; elle doit tomber avec les priviléges exclusifs. S'il en est d'odieux , ce sont sur-tout ceux qui frappent sur la pensée, qui empêchent le développement des ames énergiques. Il faut dire anathème aux hommes pervers ou cupides qui oseraient les défendre , et sacrifier la libre instruction du peuple aux calculs de leur intérêt. Cette instruction est l'unique objet qui m'a porté à proposer l'établissement d'un papier indépendant. Je voulais , à l'aide de quelques hommes éclairés , répandre graduellement et dans toutes les classes du peuple les lumières dont il a besoin. Je voulais y consigner les recherches que j'avais faites sur la manière d'adapter à notre gouvernement ce qui peut se concilier avec nos habitudes.

Je ne m'attendais pas qu'une entreprise aussi patriotique serait arrêtée dans un moment où la nation demandait la liberté de la presse.

Je ne me permettrai aucune réflexion sur cet acte d'autorité , mais garder le silence , ne pas le dénoncer à l'auguste assemblée qui doit nous restituer nos droits serait une lâcheté condamnable.

En réclamant pour le journal de…. une liberté entière je la réclame pour tous les écrivains qui sont entrés dans la même carrière , pour ceux qui doivent y entrer : je réclame , en leur nom comme au mien , la cassation de ces arrêts qui suspendent la publication des écrits périodiques. (7)

Ici , on peut appliquer ce que Thémistoclos observait de

la Gréce. Voyez-vous cet enfant, disait-il ; eh bien c'est lui qui gouverne l'Asie ; car il gouverne sa mère qui me gouverne , je gouverne la Grèce qui à son tour dirige l'Asie. Voilà précisément l'histoire de presque tous les départements ministériels. Le ministre , surchargé de soins, confie l'administration de la librairie à un chef , lequel ayant aussi d'autres affaires s'en rapporte à un premier commis , et ainsi, en dernier résultat , les arrêts émanent d'un subalterne : c'est donc un subalterne obscur qui garotte , qui paralyse les plus grands génies , qui fait proscrire les ouvrages des Rousseau , des Helvetius , des Raynal ; c'est un subalterne obscur qui , dans ce moment , arrête l'instruction du peuple français , qui rompt la communication entre ce peuple et ses représentans ; qui ose dire aux amis de la liberté : vous voulez imprimer , je vous le défends ; qui ose dire à la nation entière : vous demandez la liberté de la presse , je ne veux pas qu'elle règne , mon intérêt s'y oppose.

Lorsqu'on supposerait que ces arrêts ne seraient pas tous fabriqués dans le cabinet d'un subalterne , lorsqu'on supposerait que le ministre donnerait à l'examen de ces objets toute l'attention qu'ils méritent , l'arbitraire en serait encore la seule règle ; et toute espèce de régime arbitraire , en quelques mains qu'il soit , dans les mains même d'un Socrate , est inconciliable avec une constitution.

En déclarant la presse libre , il est nécessaire d'y mettre une restriction relative aux calomnies. Pour ne point violer la liberté , ni s'exposer à des injustices , il faut bien fixer le sens des mots *outrager* et *calomnier.*

C'est un article délicat, et je me propose d'y revenir en traitant de la loi à faire contre les libelles : ce que j'en vais dire ici n'est que pour indiquer les bases des restrictions provisoires à mettre à la liberté de la presse.

Critiquer le discours d'un *membre* , son style , son ordonnance , ses moyens , n'est pas l'outrager (8) ; critiquer
ses principes quand il les a développés , ses actions quand
elles sont publiques, n'est pas l'outrager.

Le pouvoir censorial du peuple , dit le docteur Jobb ,
par lequel j'entends la liberté de la presse , qui est le grand
boulevard des libertés , ne peut être bien exercé , à moins
que chaque individu ait la liberté de discuter les *actions
publiques des hommes publics.*

Je ne crois pas cependant qu'il faille imiter la doctrine
et la pratique de l'Angleterre sur les libelles , soit contre
les membres du parlement , soit contre les citoyens : ce
dernier article sur-tout méritera une discussion approfon-
die , parce que la méthode suivie en Angleterre , pour faire
proscrire les libelles , est un des grands moyens dont s'est
servi et se sert encore le ministère pour effrayer les citoyens.

Ce ministère , sur-tout dans les temps où il était le plus
corrompu , n'a négligé aucun moyen pour mettre des restrictions à la liberté de la presse. On peut citer , comme une
des plus funestes, la loi qui assujettit les théâtres et les pièces
qu'on y représente à la censure du chancelier.

Ce sujet est bien plus important pour la liberté qu'on ne
le croit , dans les pays qui veulent ou la conserver , ou la
faire renaître. Le théâtre , si méprisable quand il n'a pas
pour objet le maintien de la liberté , ou la réforme des
mœurs , le théâtre a la plus grande influence sur l'esprit
public : c'est l'épouvantail le plus efficace des despotes qui
craignent d'y être *fouettés d'un vers sanglant* ; on doit
donc rendre le théâtre libre , en assujetissant les auteurs à
une loi qui prévienne les calomnies. J'aurais plus ample-
ment traité ici cet article, si je ne savais qu'un homme de
lettres, estimable par son énergie et son talent poétique, s'en
occupe. Je me bornerai donc à citer l'exemple de la loi

rendue pour le théâtre en Angleterre ; elle prouvera que les ministres font naître l'abus , pour avoir le prétexte de dépouiller les hommes de leurs droits.

Le fameux lord *Chesterfield* , lorsque cette loi fut soumise à l'examen de la chambre des pairs par l'infâme *Walpole* , qui la sollicitait pour échapper à la censure des auteurs de théâtre , disait : il existe des loix pour maintenir les poëtes dans de justes bornes , et elles sont suffisantes ; si nos auteurs ou acteurs les franchissent, ils doivent être poursuivis et punis ; une nouvelle loi est inutile ; et une loi inutile est une loi dangereuse , *l'esprit, Mylords , est la propriété de ceux qui en ont* , et trop souvent c'est leur unique propriété. Il est donc cruel de les en dépouiller , eux qui sont déjà si pauvres. Si les poëtes et les auteurs doivent être réprimés , qu'ils le soient comme les autres , qu'ils soient jugés par leurs pairs ; mais que leur sort ne dépende pas d'un seul homme , fait par la loi *souverain juge de l'esprit.* Un pouvoir remis entre les mains d'un homme , sans bornes et sans appel , est un privilège inconnu à nos lois , incompatible avec notre constitution.

Chesterfield avait raison , tout le monde le pensait, tout le monde le disait; mais il n'y avait point d'argument qui pût tenir contre la bande de *Walpole*, bande nombreuse et corrompue, qui avait intérêt elle-même à prévenir la juste censure que la satyre pouvait faire de sa lâcheté et de sa vénalité. Walpole l'emporta donc , et dès ce moment le génie comique descendit au tombeau. Le théâtre anglais n'eut plus et n'a plus que des poëmes mutilés et des poëtes médiocres.

Je m'étendrais trop , si je voulais m'abandonner à mes idées sur ce sujet.... Cette liberté du théâtre doit être un des objets de la loi générale sur la liberté générale et sur les libelles.

En attendant cette loi , il me semble absolument nécessaire

que les représentans de la nations, prennent les résolutions
suivantes :

Qu'il est permis, dès à présent, à toutes personnes d'imprimer et de publier leurs idées, sur quelque matière et sous
quelque forme que ce soit, sauf le recours aux tribunaux,
si les auteurs, imprimeurs, commettent des délits punissa-
bles ;

Que l'administration des postes sera tenue de laisser circuler, sans aucune permission préalable, tous écrits soit périodiques ou autres qui lui seront remis, en lui payant le prix
fixé par son tarif ;

Qu'il sera nommé un comité pour veiller au maintien de
la liberté de la presse et de la circulation, et pour proposer
le projet d'une loi générale sur la liberté de la presse et sur
les libelles.

Je l'ai dit ailleurs, il est très-difficile de concilier une loi
sévère contre les libellistes avec le maintien de la liberté de
la presse, et voilà pourquoi il ne faut point précipiter cette
loi; voilà pourquoi il faut en remettre la discussion prélimi-
naire à un comité, qui, avant de présenter ce rapport, pèsera
toutes les raisons.

*Jusqu'à quel point le public a-t-il droit de censurer ses
représentans et le pouvoir exécutif? À quel degré cette
censure devient-elle un libelle?* Cette seule question offre
une foule de difficultés, et j'ose dire qu'elle n'a été suffi-
samment discutée dans aucune constitution.

Encore une fois, en attendant cette discussion, et pour
que cette discussion même soit éclaircie, il faut une loi pro-
visoire sur la liberté de la presse.

Au moment où ces feuilles sur la liberté de la presse allaient
paraître, j'ai lu un avertissement qui contient un de ces pal-
liatifs, un de ces tempéramens dangereux, avec lesquels on
veut modifier ou plutôt enchaîner la liberté de la presse.

Quel peut être l'objet d'une pareille restreinte? de continuer à asservir la plume des rédacteurs, de conserver assez de pouvoir pour les forcer à taire les faits qui déplaisent au ministère, à ses créatures, aux gens en place, pour les forcer à se prêter à toutes ses vues, dans la crainte d'une suspension.

Mais croit-on donc le public assez stupide pour ignorer ces conséquences de la servitude littéraire, et pour ajouter une foi entière à de pareilles gazettes? Peut-il ajouter foi à des hommes assez lâches pour se soumettre à ne dire que la vérité qui conviendra? Non, non; un lâche est bientôt un menteur; et le public croira toujours au contraire, que ces gazetiers serviles, ou tairont des faits importans, ou en altéreront d'autre, ou ne citeront que les hommes et les discours qui plairont à l'administration. L'impatience du public sera donc trompée, au lieu d'être satisfaite; car il n'est pas impatient de connaître les faits que le ministère lui permet de savoir; mais tous les faits qui se passent, tous les discours qui se prononcent.

Je veux que le ministère d'aujourd'hui soit assez pur, assez irréprochable pour s'interdire toute influence sur les papiers publics; on ne le croira pas. Les soupçons règneront toujours. On se dira: s'il est pur, pourquoi ne laisse-t-il pas la presse entièrement libre? S'il est pur, pourquoi veut-il interdire aux gazetiers toutes réflexions? Craint-il les libelles? Les hommes vertueux ne craignent point les libelles, et n'arrêteront jamais la liberté de la presse, de peur d'être calomniés. Les ministres pervers crient seuls au libelle, pour étouffer la vérité qu'ils redoutent.

Est-ce pour garantir des libelles les représentans de la nation, que l'administration défend provisoirement les réflexions aux gazettiers? Mais c'est insulter à leur sagesse, c'est les regarder comme une assemblée de jeunes

gens qui ont besoin d'un tuteur. C'est de plus insulter à
la nation , puisque c'est provisoirement prononcer la servitude de la presse , lorsque la nation en demande la liberté.

Eh quoi ! prend-on donc des français pour des automates
qui ne doivent être que témoins muets et passifs, sans qu'ils
puissent élever la voix, s'ils se croient mal défendus ? Certes,
aucun français n'a plus de respect que moi , pour la représentation de la nation ; je la regarde comme une assemblée
auguste ; mais je connais une assemblée plus auguste encore ,
c'est celle du public. Les représentans de la nation sont les
délégués du public ; et le public n'a point de supérieur à qui
il doive des comptes.

Quoi ! ses mandataires !... Il ne pourra faire aucunes réflexions sur leurs opérations !

En Angleterre même où la nation est dépouillée de son
pouvoir , elle conserve son droit censorial sur le parlement ;
elle le juge hautement et sévèrement, et nous, nous serions
dépouillés du droit d'instruire et de juger , par la voie de la
presse , des mandataires qui tiennent de nous tout leur
pouvoir !

Si cette opinion est jamais admise , si cette restriction est
jamais sanctionnée, c'en est fait de notre liberté et de notre
constitution ; car il n'en peut exister de libre , tant que le
peuple ne conserve pas le droit de censurer publiquement
ses délégués. Otez cette censure , les officiers du peuple
deviennent ses supérieurs , ses maîtres. J'en félicite mon
pays ; telle est l'opinion des membres les plus éclairés de la
représentation nationale actuelle. Je les connais, je connais
leurs sentimens ; ils sont loin de croire qu'ils rassemblent
dans leur sein une si grande masse de lumières , qu'il soit
impossible d'y rien ajouter. Je les ai vu , au contraire ,
invoquer la lumière du dehors , invoquer les secours des
écrivains qui ne siégent pas avec eux dans l'assemblée

nationale. Le Ministre peut-il donc interrompre une communication de connaissances , que le patriotisme fait un devoir aux uns de donner, et aux autres de recevoir ?

Dira-t-on que ces écrivains pourront communiquer ces lumières par des livres ou des pamphelets ? Mais qui lira ces livres et ces pamphelets ? Sera-ce les députés accablés d'un travail fastidieux dans les comités , et de débats fatiguans dans l'assemblée ? Ils ne liront pas de livres , mais ils liront la gazette du jour , ce sera leur manuel , leur livre de conduite. Juges la veille , ils s'y verront jugés le lendemain. Souvent même ils seront mis en garde contre une mauvaise décision , par des réflexions consignées dans ces gazettes par des hommes instruits , impartiaux.

Quand la censure sera exercée de cette manière , sous la dictée de la raison et de l'impartialité , ne sera-t-elle pas infiniment utile et au public , et aux représentans de la nation ?

Mais souvent , me dit-on , elle sera mêlée d'acrimonie , d'invectives ; vous en avez vu la preuve dans un des journaux qui a paru . . . . . . Soit , je veux qu'il y ait eu trop de dureté , d'amertume dans cette feuille ; mais , ou la censure de cet écrivain était fondée , ou elle ne l'était pas. Une prohibition particulière était absurde dans le premier cas , impolitique dans le second ; car une prohibition ne réfute point de bon argumens (10) , et suppose que les mauvais sont bons. Dans tous les cas , une prohibition générale était une injustice révoltante; car jamais le tort, vrai ou faux, d'un seul écrivain, ne peut autoriser à fermer la bouche à tous. Encore une fois il n'y a point ici de milieu. Veut-on avoir des lumieres ? Il faut la liberté préalable de la presse ; il faut avoir sur-le-champ , des journaux libres. Toute modification de la liberté, tout monopole de la presse ne peut qu'intercepter les lumieres. Il n'y a donc pas un moment à perdre pour l'abolir.

Non , pas un moment : différer de rendre la presse libre ,

c'est différer un acte de justice , différer l'instruction du peuple. Calculez les prodigieux changemens opérés dans les esprits , depuis que la digue est rompue: quelle énorme distance franchie par la nation ! Aurait-on , en 1787 , deviné qu'en 1789 , les différentes provinces réclameraient une constitution libre? Qui donc a si subitement éclairé les peuples ? la liberté forcée de la presse , les livres ; et si ces livres échappés aux entraves de la presse , ces livres que si peu d'hommes lisent et peuvent lire, ont produit tant d'effets, que sera-ce donc , quand les journaux , les journaux surtout que tout le monde lit , quand ces journaux seront libres ? Alors la lumière , aujourd'hui concentrée dans la classe aisée , frappera tous les esprits.

Et voyez ce que nous perdons en différant même quelques jours ! croit-on qu'on accuserait les amis du peuple, si la presse était ouverte à leurs instructions et à leurs réclamations ; croit-on que tant d'événemens fâcheux qui n'existent que par le défaut d'instruction ou de publicité , auraient lieu si des écrivains énergiques , animés par un civisme pur , pouvaient dans des feuilles périodiques se livrer aux mouvemens de leur ame , instruire le peuple et convaincre des ennemis...

Qui peut donc arrêter les progrès d'une révolution sibienfaisante ? Qui peut vouloir empêcher que celui qui sait instruise , que l'ignorant apprenne , que l'esclave dépose ses chaînes et ses préjugés ! Oh ! s'il existe un être aussi funeste , anathême à ce monstre ! il est l'ennemi de ses frères et du genre humain ; oui de tout le genre humain. Car, de même que la révolution américaine a fait naître la nôtre, la nôtre entraînera sans doute celle de l'Europe entière , de l'Es...., qui conserve au sein de la superstition trop de caractère pour ne pas réclamer cette liberté qui brillera dans son voisinage; de l'*Allemagne* , qui sentira plus vivement le poids de ses chaînes féodales , en nous voyant libres et heureux ; de l'*Angleterre* , qui rougira de conserver une constitution défectueuse , lorsqu'elle verra cette nation qu'elle appelle sa rivale , en avoir élevé une exempte de ces défauts (12). Le bien que la liberté de la presse va faire en France , n'aura point de bornes ; la prononcer , c'est donc bien mériter de l'humanité entière.

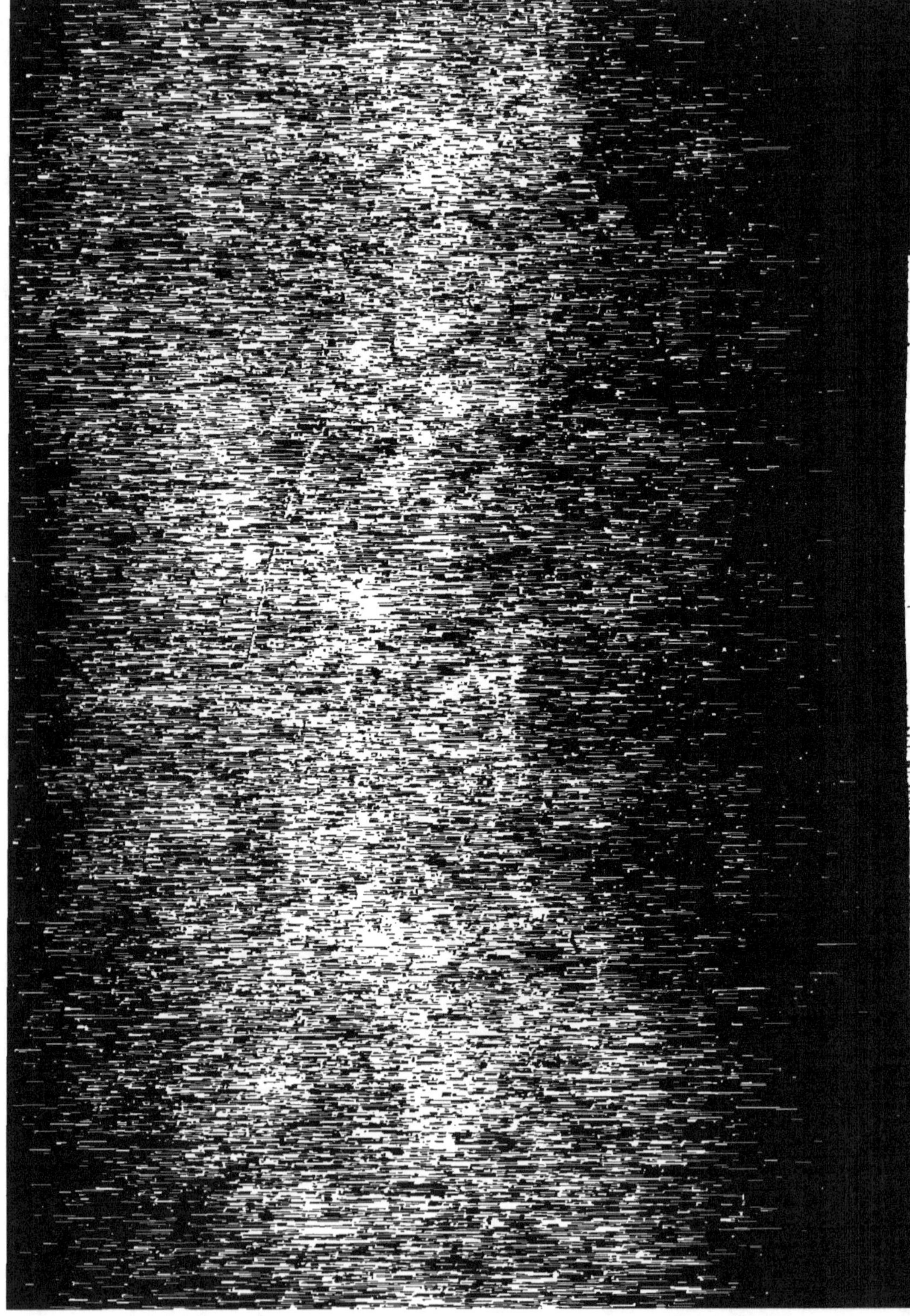